DIE ZEITKARTEN

Finde den richtigen Zeitpunkt

Wulfing von Rohr
Marlena Lewandowska

KÖNIGSFURT URANIA

Neuausgabe des Titels »Nutze deine Chance«,
2. Auflage 2008.

Bibliographische Information der Deutschen Nationalbibliothek: Die Deutsche Nationalbibliothek verzeichnet diese Publikation in der Deutschen Nationalbibliographie; detaillierte bibliographische Daten sind im Internet über http://dnb.d-nb.de abrufbar.

Neuausgabe
4. Auflage, Krummwisch bei Kiel 2019

D-24796 Krummwisch
www.koenigsfurt-urania.com
www.tarot-online.com

Umschlagdesign: Jessica Quistorff unter Verwendung folgender Motive: »christmas watch«© ankdesign / Fotolia.com, sowie der Zeitkarte »12. Fische«.
Konzeption/Text: Wulfing von Rohr
Layout Karten: D. Konieczka
Künstlerische Gestaltung: Marlena Lewandowska
Satz und Layout: Antje Betken, Oldenbüttel
Druck und Bindung: Spielkartenfabrik Altenburg
Printed in EU

ISBN 978-3-86826-771-6

Inhalt

Warum Orakel »funktionieren«
Der Kosmos und das Gesetz der Synchronizität

Es gibt eine Reihe kosmischer Gesetzmäßigkeiten, die sozusagen im Verborgenen wirken und immer wieder für Verblüffung sorgen, wenn man sich ihrer in einer konkreten Situation, die einen selbst betrifft, gewahr wird.

Dazu gehört zum Beispiel das **Gesetz der Resonanz**: Wir ziehen solche Menschen und Umstände an, die unserem eigenen Seelenleben und unseren eigenen Lernaufgaben entsprechen. Auch das **Gesetz der stetigen Weiterentwicklung von Lebewesen** gehört dazu. Die Entwicklungspsychologie hat dieses Gesetz zum Mittelpunkt ihrer Forschungen gemacht. Solange ein Mensch sich geistig weiterentwikkelt, solange Entwicklung das wichtigste Lebensziel ist, wird er leben. Sobald ein Mensch in sich quasi erstarrt, keine Entwicklung mehr vollziehen kann (öfter: nicht mehr vollziehen will), wird er nach und nach »absterben«. Er wird häufig zunächst emotional und mental langsamer oder dumpfer oder unbeweglicher werden, oder er wird in seinen körperlichen Möglichkeiten eingeschränkt, bis schließlich der irdische Tod des Menschen erfolgt. Danach wird er auf einer anderen geistigen Ebene die notwendige Weiterentwicklung durchlaufen (müssen).

Ein Gesetz, das mit den Zeitzyklen und Zeitrhythmen des menschlichen Lebens zu tun hat, wird in der Astrologie symbolisch abgebildet. Denn es gibt hinter jedem Leben – dem eines Menschen, einer Firma, eines Reiches – zyklische Gesetzmäßigkeiten, die mit Aufstieg und Niedergang, mit Einsatz von Energie, Reife und Ernte und dergleichen mehr zu tun haben.

Eines der interessantesten und aufschlussreichsten Zeitgesetze des Kosmos ist das, was der große Schweizer Psychologe C. G. Jung mit dem Begriff der Synchronizität zu fassen wusste. Er erklärte, wie Dinge nicht nur kausal miteinander zusammen hängen können, sondern auch akausal. Ein Beispiel: Ein kausaler Zusammenhang besteht zwischen unserer Bestellung eines Gerichts in einem Restaurant und der Tatsache, dass der Kellner uns nach einiger

Zeit eine Mahlzeit serviert. Ursache und Wirkung hängen unmittelbar miteinander zusammen. Während wir nun gerade die Bestellung abgeben, hören wir, wie draußen ein Krankenwagen mit Blaulicht und Martinshorn am Restaurant vorbeifährt. Einen kausalen, einen ursächlichen Zusammenhang zwischen Bestellung und Krankenwagenfahrt gibt es nicht – aber einen synchronistischen, einen zeitbedingten.

Während wir bestellen, fährt der Wagen vorbei – nicht weil wir bestellen, sondern zur selben Zeit. Zeit besitzt jedoch eine ganz eigene Qualität; jeder Augenblick hat seine eigene »Färbung«. Was zur selben Zeit stattfindet, wird durch diese Qualität »gefärbt«, auch wenn es sonst nichts miteinander zu tun hat.

Diese Beziehung zwischen Ereignissen aufgrund der Gleichzeitigkeit, mit der sie geschehen, macht man sich beim Stellen von Orakelfragen zunutze. Wenn wir etwas über die Qualität der Zeit erfahren oder erspüren, zu der wir eine Frage ausdrücklich formulieren und an das Universum stellen, können wir aus dieser Zeitqualität auch Rückschlüsse auf mögliche bzw. wahrscheinliche Antworten ziehen.

Ein weiteres **kosmisches Gesetz** sagt aus, dass **alles um uns herum ein Spiegel unseres eigenen Bewusstseins** ist. Im Altertum sprach man vom »hermetischen Prinzip« des »Wie oben, so unten« oder man sagte, dass der Makrokosmos im Mikrokosmos enthalten ist.

Ein Wort zur rechten Besinnung und um jeder Neigung zum Fatalismus oder zur falschen Schicksalsergebenheit vorzubeugen: So, wie eine Uhr die Zeit nicht »macht«, sondern nur anzeigt, so »machen« weder ein Horoskop noch die Zeitkarten etwas für unser Leben. Sie beide zeigen vielmehr nur jene Zyklen und Rhythmen an, die für unsere Lebenssituation jetzt von Bedeutung sind.

Erst wenn wir wissen, wie man eine Uhr liest (und das mussten wir als Kinder ja erst lernen, als es noch keine Digitalanzeige gab), oder die Zeit an Sonnen- und Mondstand ablesen können, wissen wir, wie spät es ist. Erst wenn wir wissen, wie man ein Horoskop liest, können wir mehr über unsere Lebensaufgaben, unsere karmische Ausgangslage und die Mittel, die uns zur Verfügung stehen, erfahren.

Um uns feinfühliger auf die Zeitmuster einzulassen, die in unserem Leben eine Rolle spielen, wurden die Zeitkarten entwickelt. Zum ersten Mal ist es damit möglich, auf Fragen nach dem richtigen Zeitpunkt für eine Entscheidung oder eine Aktion, nach der rechten Zeit für eine Neubesinnung und Neuausrichtung, vom Kosmos direkt konkrete Hinweise zu bekommen. Was Tarotkarten leider nicht können und was auch in der Astrologie oft genug am schwierigsten ist, nämlich eine klare Antwort auf Fragen nach Zeit zu bekommen, wird jetzt einfach und gut verständlich möglich!

Zur Deutung der
33 Zeitkarten
Wann ist die beste Zeit?
Auf die richtige Zeit kommt es an!

Die 33 Zeitkarten dienen als Spiegel der Umstände und Deines Bewusstseins: zur psychologischen Einfühlung in Situationen und als kosmische Entscheidungshilfe. Die Zeitkarten sind ein Orakel zur Beantwortung von Fragen nach der Zeit. Man kann sie gern auch »nur« als ein Spiel zur hintersinnigen Unterhaltung nutzen.

Die 33 Zeitkarten bestehen aus **12 Stundenkarten, 7 Tageskarten, 12 Monatskarten** und **2 Jokern**.

Die **Stundenkarten** zeigen eine Grundzahl von eins bis zwölf, ein graphisches Zeichen oder Symbol, Sonne und Mond in wechselnder Beziehung zueinander und zwei Textzeilen. Diese beiden Textzeilen geben einen Hinweis auf die Energie der Zeit in Bezug zur gestellten Frage sowie eine konkrete Zeitangabe nach Tagen bzw. Wochen.

Die **Tageskarten** oder **Wochentagskarten** zeigen die Zahl des Tages zwischen 1 und 7, das zum Wochentag zugehörige Planetensymbol, den Tagesnamen, im Hintergrund eine Sanddüne als Symbol von Zeit und Veränderung in jeweils unterschiedlicher Farbe, einen Kristall, dessen Farbe die geistige Energie symbolisiert, die zur Frage und zur Zeit gehört, sowie zwei Textzeilen. Die beiden Textzeilen geben an, welche Art von Einstellung es braucht, um diese Zeit jetzt am besten zu nutzen.

Diese Karten sind ähnlich wichtig wie die großen Arkana im Tarot!

Die **Monatskarten** zeigen Zahlen von 1 bis 12, die Symbole der Tierkreiszeichen, im Hintergrund eine Sanduhr der Lebenszeit, eine typische Pflanze der jeweiligen Jahreszeit.

Unten im Bild geben sie einen Schlüsselsatz zum Verständnis, wie du die Zeit jetzt am besten nutzt. Darunter steht eine konkrete Zeitangabe in Wochen und Monaten als Antwort auf deine Frage.

Die Monatskarten enthalten auch Hinweise auf astrologische

Daten zum Jahreskreis. Dabei gilt es zu beachten: Wenn Menschen an der Wende von einem zum anderen Tierkreiszeichen geboren wurden, kommt es manchmal auf die genaue Geburtszeit an, um festzustellen, ob jemand zum Beispiel noch im Stier oder schon im Zeichen Zwillinge geboren ist.

Die **beiden Joker** zeigen an, wenn die »normalen« Zeitzyklen für die Frage (noch) keine Rolle (mehr) spielen. Sie sind so etwas wie eine Carte blanche, die bestimmten höheren Zeitgesetzen folgt.

Für die Interpretation haben folgende Elemente eine Bedeutung:

- Die Zahlen an sich; also sowohl die Zeitangaben auf den Karten nach Tagen, Wochen oder Monaten, als auch die numerologischen Werte. Damit ist gemeint, dass zum Beispiel bei der Wassermannkarte die 11 (rechts oben) auch über die angegebenen 11 Wochen oder 11 Monate hinaus eine Rolle spielen kann: Vielleicht geht es um elf Menschen (im Fußball!), um eine Hausnummer 11, um 11 000 Euro oder um eine andere Weise, wie die 11 für die Frage wichtig ist, und so fort.

- Die Symbole, also Planetenzeichen, graphische Symbole, Pflanzen (nicht ihrem Namen, sondern ihrer Gestalt und Anmutung und den dadurch ausgelösten Assoziationen nach), die Kristalle bei den Wochentagskarten und so fort.

- Die Farben mit ihrer emotionalen, psychologischen und spirituellen Wirkung und Bedeutung.

Auf den folgenden Seiten findet man zu jeder Karte kurze Hinweise zu den verwendeten Symbolen sowie Deutungserklärungen zu den Rubriken

- **Allgemeine Bedeutung**

- Deutung für Fragen nach **Beruf, Arbeit, Geschäft und Karriere**

- Deutungen für Fragen nach **Beziehung, Partnerschaft und Liebe** sowie

- Deutungen für Fragen nach **Kreativität, Selbstausdruck und Spiritualität**.

Die Karten und ihre Deutungen

Zwölf Stundenkarten

STUNDENKARTE 1

Es geht fast zu schnell.

1 Tag — 1 Woche

Symbol Ein nach oben offenes Herz zeigt an, dass wir mit der eigenen Herzenskraft, aber immer zum »Himmel« oder Kosmos hin offen leben und (re-)agieren sollen.

Allgemein Nichts überstürzen, noch mal ruhig nachdenken, dann aber gern mit Entschiedenheit vorangehen.

Beruf Wenn man sich innerlich wirklich berufen fühlt (und das gilt es zu prüfen!), wird man mit seinen Plänen jetzt Erfolg haben.

Beziehung Tue den ersten Schritt, nimm dazu dein Herz in beide Hände und erkläre dich dem Partner bzw. der Partnerin.

Kreativität Du fühlst dich, als ob du »channelst«; nutze den günstigen Augenblick der fließenden Energie und folge ihr.

STUNDENKARTE 2

Jetzt geht s gut voran.
2 Tage — 2 Wochen

Symbol Zwei horizontale Striche mit jeweils einem Punkt darüber und darunter geben eine klare Ausrichtung in einer feinen Balance. Ein Signal für gute und merkliche Fortschritte.

Allgemein Wenn du deine Mitte im Gleichgewicht hältst, werden deine Bemühungen rasch sichtbare Früchte tragen.

Beruf Sorge für einen Ausgleich zwischen allen Beteiligten – Firma, Kunden, Mitarbeitern, eigene Familie und dir selbst.

Beziehung Du kannst dich an schönen Zeiten erfreuen, in denen du ein echtes Miteinander erleben darfst.

Kreativität Musische Talente sollten jetzt (wieder) gepflegt werden. Suche dazu auch die Inspiration in Stunden der Muße in der Natur.

STUNDENKARTE 3

Es wird bald klappen.
3 Tage — 3 Wochen

Symbol Ein dreigliedriges keltisches Spiralrad repräsentiert konstruktive Dynamik bei gleichzeitiger Struktur. Es erinnert an die Magie der Druiden, die kosmische Kräfte kanalisieren konnten.

Allgemein Wer ein großes Werk vorhat, weiß, dass er geduldig aufbauen und zugleich den Enthusiasmus lebendig halten muss.

Beruf Du bist auf einem guten Weg, wenn du deine Erfahrungen mit dem Team und den Erwartungen der Umwelt abstimmst.

Beziehung Immer, wenn zwei Menschen zusammen sind, entsteht etwas Drittes, etwas Gemeinsames, das eine Eigendynamik hat.

Kreativität Du spürst, dass du etwas Sichtbares gestalten kannst. Lass dich jetzt nicht durch alte Egomuster davon abhalten!

STUNDENKARTE 4

Du kannst aufbauen.
4 Tage — 4 Wochen

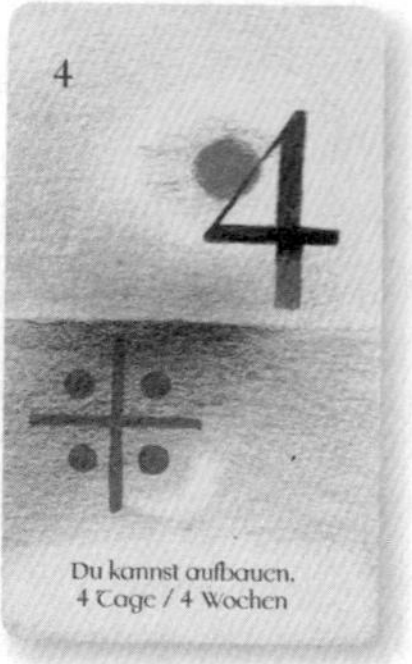

Symbol Ein Kreuz mit gleichlangen Balken und vier symmetrisch angeordneten Punkten; ein Bezug zur 2. Karte. Die Dynamik ist hier eher gebremst, dafür gibt es jedoch deutlich mehr Sicherheit.

Allgemein Geist und Materie sind verbunden. Darauf kann man etwas aufbauen, auch wenn Resultate erst organisch wachsen.

Beruf Du hast ein sicheres Fundament, von dem aus du weitermachen kannst. Langsam, aber stetig führt dich dies zum Ziel.

Beziehung Wenn alles gut geht, ist das eine wunderbare Verbindung. Achte nur darauf, dass sie nicht zu stagnieren beginnt.

Kreativität Jetzt ist eine gute Zeit, um ein schwieriges Vorhaben anzupacken, das einen langen Atem erfordert.

STUNDENKARTE 5

Du entscheidest selbst.
5 Tage — 5 Wochen

Symbol Zwei locker ineinander gewundene Spiralwellen, die sanft von links unten nach rechts oben schwingen. Du hast es selbst ganz frei in der Hand, was wann und wie geschehen soll.

Allgemein Die Freiheit der Entscheidung, auch über Zeitpunkte, bringt die Qual der Wahl mit sich und fordert die weise Voraussicht, dass man die Folgen auf die eigene Kappe nehmen muss.

Beruf Halte inne, spüre oder meditiere, und entscheide dich dann in der Zuversicht, dass das Leben dich immer vorwärts bringt.

Beziehung Wie tanzen und umspielen sich eure beiden Energien? Frei, leicht, ungezwungen? Halte die Energien im Fluss!

Kreativität Folge der Stimme der Intuition und hab Mut zum Tanz.

STUNDENKARTE 6

Genieße die Zeit.
6 Tage — 6 Wochen

Symbol Ein endloses Band in einer weichen Dreierform, das abwechslungsreicher schwingt als zum Beispiel die liegende Acht. Es repräsentiert Kreativität, die sich in klaren Formen ausdrückt.

Allgemein Es gibt jetzt nichts Spezielles zu unternehmen oder zu entscheiden. Du brauchst auch nicht auf irgendetwas zu warten. Stattdessen ist eine »Auszeit« angesagt, die du genießen kannst.

Beruf Um Großes zu leisten, muss man nicht ständig »malochen«: oft entsteht es erst nach einer Zeit der entspannten Routine.

Beziehung Sei froh, wenn das Leben mal keine besonderen Aufregungen in der Partnerschaft bringt; entspann dich einfach.

Kreativität Kreative Ruhepausen sind keineswegs verlorene Zeit, sondern dienen dazu, dass sich schöpferische Kräfte erneuern.

STUNDENKARTE 7

Die Umstände bestimmen.

7 Tage — 7 Wochen

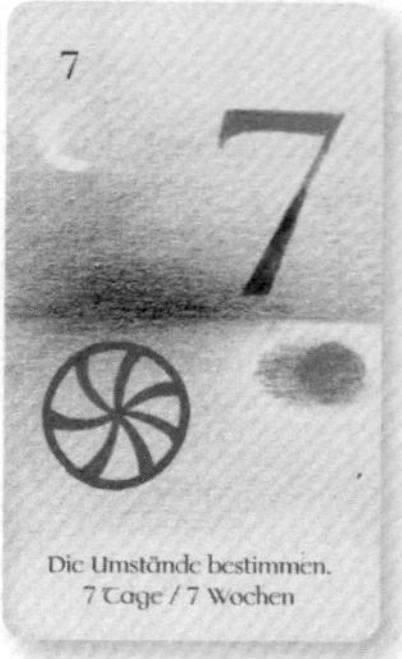

Symbol Ein ungewöhnliches Rad mit sieben Speichen symbolisiert die Konsequenzen der freien Entscheidung bei der Fünf. Das Leben scheint außengesteuert – in Wahrheit hat man jedoch selbst früher die Weichen gerade so gestellt, wie es jetzt kommt.

Allgemein Da man wenig bis nichts ändern kann, muss man sich in Geduld üben. Zeitpunkte werden von anderen bestimmt.

Beruf Es geht mal bergauf, mal bergab, und dann und wann fühlt man sich sogar ohnmächtig. Nimm dein Schicksal offen an.

Beziehung Eine gute Zeit, um eine Zwischenbilanz zu ziehen: Was möchtet ihr euch gegenseitig geben, wohin geht eure Reise?

Kreativität Auch wenn du wenig Resonanz findest, höre nicht auf.

STUNDENKARTE 8

Es ist alles im Fluss.
8 Tage — 8 Wochen

Symbol Ein altes Zeichen der ewigen Verbundenheit, die sich im Strom des Lebens gut aufgehoben weiß. Das kann die Verbindung von Mensch und Kosmos oder zwischen den Menschen sein.

Allgemein Nach einer Zeit der Stauung, Apathie oder Blockade fließt die Energie jetzt wieder harmonisch und wie von selbst.

Beruf Eine gute Zeit für einen Neubeginn an Projekten oder in einer Arbeit, die man eine Zeit lang hat liegen lassen müssen.

Beziehung Nutze diese günstige Zeit zum Austausch von Herz zu Herz, zur Begegnung eurer Seelen auf einer neuen Ebene.

Kreativität Wenn du in deine Energie auch die Inspiration und Kraft des Kosmos' einfließen lässt, geht alles gleich noch mal so gut.

STUNDENKARTE 9

Etwas geht zu Ende.
9 Tage — 9 Wochen

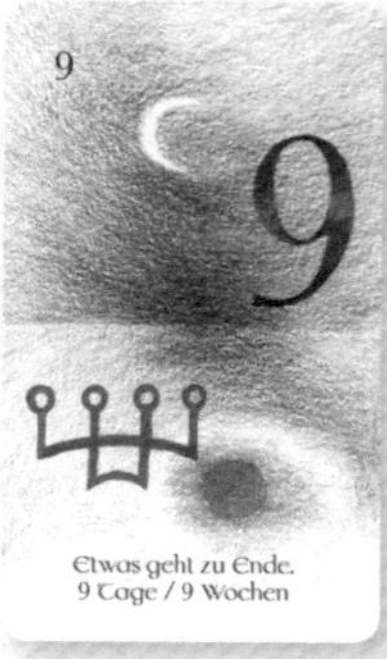

Symbol Eine Art Kerzenleuchter, der an eine jüdische Menora erinnert (die jedoch sieben Arme hat). Das Licht der Sonne ist unter dem Horizont, wir sehen nur noch seine Spiegelung über den Mond. Ein Zyklus ist abgeschlossen, der neue noch nicht sichtbar.

Allgemein Die geistige Mitte muss sich gerade in Zeiten des Abschieds oder eines Endes bewähren: Lass vertrauensvoll los.

Beruf Stagnation ist Rückschritt oder Verlust. Es ist ganz normal, dass alte Prozesse beendet werden, bevor Neues anfangen kann.

Beziehung Nicht das Ende, sondern eine ganz neue Form der Weiterentwicklung ist angesagt – aber erst nach einem Loslassen.

Kreativität Es geht um Stillehalten, nicht um Geschäftigsein.

STUNDENKARTE 10

Du beginnst ganz neu.
10 Tage — 10 Wochen

Symbol Eine viergeteilte Blüte, aus Herzen geformt, deren Pfeile auf ein innerstes Zentrum weisen. Aus einer unsichtbaren geistigen Mitte entsteht ein kompletter Neuanfang.

Allgemein Nicht nur ein Neubeginn, sondern sogar ein echter Durchbruch, der wie aus heiterem Himmel zu kommen scheint.

Beruf Ergreife die völlig unerwartete Chance, die sich jetzt bietet, beim Schopfe, und trau dir auch eine viel größere Aufgabe zu!

Beziehung Siehst du im Partner jetzt auch den Freund oder im Freund jetzt auch den Partner? Du spürst Seelenfreundschaft.

Kreativität Beginne ein Hobby, einen Sport, eine künstlerische Tätigkeit, eine soziale Tätigkeit, die dir bislang völlig fremd war.

STUNDENKARTE 11

Höre auf Freunde.
11 Tage — 11 Wochen

Symbol Eine eigentümliche Form, die Anlauf, Aufschwung, Dynamik und klaren Abschluss andeutet. In dieser Form steckt, wenn man genau hinschaut, auch eine Zwei, die Zahl der Begegnung.

Allgemein Suche den Austausch mit Freunden, höre aber nicht auf jedermann oder jederfrau. Entscheiden musst du jedoch selbst!

Beruf Sammle Informationen, diskutiere mit dir wirklich vertrauten Menschen, und dann übernimm die Verantwortung für eine Aktion.

Beziehung Offen für das Gegenüber und doch klar im eigenen Standpunkt; bereit für neuen Auftrieb und doch mit einem Ziel.

Kreativität Wirf das Netz deiner Interessen und Begabungen weit aus, und sammle Impulse von außen – und dann gestalte etwas!

STUNDENKARTE 12

Jetzt wird es rund.
12 Tage — 12 Wochen

Symbol Energie entfaltet sich aus einer Spirale und geht hinaus in das Leben, in die Welt. Sie bewegt sich von innen nach außen, von unten nach oben: Sinnbild einer organischen Entwicklungskraft.

Allgemein An Erfahrung gereift und durch Widerstände abgeschliffen, kannst du deinen Zielen natürlich entgegen gehen.

Beruf Wie der Steuermann auf einem Ozeanriesen halte deinen Kurs fest im Blick, auch wenn das Ziel in weiter Ferne liegt.

Beziehung Nimm dir ein höheres Ziel als die bisherigen vor, um der Partnerschaft eine neue tragfähige Orientierung zu geben.

Kreativität Das größte kreative Werk ist kein Gegenstand, sondern die Arbeit an unserem Leben und unser Persönlichkeit.

Sieben Wochentagskarten

1. WOCHENTAG

Sonntag — Sonne

Geh nach innen.

Entwickle eine Vision.

Symbole 1 ist die Zahl des Anfangs; das Planetenzeichen für die Sonne zeigt die Ganzheit und den Willenskern darin; das warme Gelb symbolisiert Zuversicht und der blaue Kristall Klarheit.

Die Sonne ist unser Zentralgestirn: Sie gibt uns Licht, das Leben ermöglicht, unser Planetensystem dreht sich um sie. Im christlichen Kirchenkalender ist nicht der Montag, sondern der Sonntag der erste Tag der Woche, an dem der mythologischen Übermittlung nach Jesu Auferstehung von den Toten erfolgte.

Allgemein Du kannst am nächsten Sonntag mit deinem Vorhaben beginnen. Lebensfreude und Seelenlicht spielen eine wichtige Rolle, aber auch deine geistige Klarheit. Eine Vision, die von innen kommt und gestützt wird, ist jedoch die Voraussetzung für das Gelingen. Vielleicht musst du erst sie entwickeln!

Beruf Nutze eine Sonntagsauszeit zur Einstimmung. Ruhe, Muße und Vision sind neben der Aktion auch ein Teil von Erfolg. In einer Woche bzw. einem Monat wird der nächste Schritt erfolgreich sein.

Beziehung Du kannst deine Individualität zum Ausdruck bringen und dich zugleich als Teil einer Ganzheit fühlen, ohne etwas zu verlieren. Ein Paradox: sich öffnen und sich verströmen.

Kreativität »Jede Reise beginnt mit dem ersten Schritt«, weiß das alte chinesische Sprichwort. Der erste Schritt zur Kreativität ist Inspiration, innerliche Bewegtheit, eine über persönliche Vision.

2. WOCHENTAG

Montag — Mond

Tausche dich aus.

Lass dich beraten.

Symbole 2 ist die Zahl der Begegnung; das Planetenzeichen des Mondes ist wie ein Teil eines ganzen Kreises, der zu seiner Vervollkommnung der zweiten Hälfte bedarf. Das lichte Blau weist auf die Suche der Seele nach Frieden jenseits der Welt hin; der gelbe Kristall zeigt das vom Mond gespiegelte Sonnenlicht an.

Es gab und gibt bekanntlich Kalender, die sich nicht nach der Sonne, sondern nach dem Mond richten. Während die Sonne das »übermenschliche« Leben symbolisiert, steht der Mond mit seinen raschen Lichtwechseln für das irdische, menschliche Leben.

Allgemein Nutze den nächsten Montag zum Gespräch; versuche, menschlich zu fühlen und zu denken, und sei auch offen für Rat, den dir andere vielleicht sogar unbewusst und ungewollt geben.

Beruf Beratschlage mit anderen; mache jetzt nichts ganz allein. In zwei Tagen gibt es eine gute

Gelegenheit für den Austausch; in zwei Wochen wirst du die ersten Früchte sehen können.

Beziehung Das kann jetzt eine ziemlich emotionale Zeit sein, in der alle möglichen Gefühle, auch ganz alte Wünsche und Nöte, hochkommen. Diese Welle schwappt auch recht bald wieder weg.

Kreativität Du kannst mit zwei erfüllten Tagen rechnen, in denen deine Sensibilität und Intuition dir ganz neue Ausblicke schenken; suche durchaus auch Inspiration bei anderen kreativen Menschen.

3. WOCHENTAG

Dienstag — Mars

Werde kreativ.
Setze ein Zeichen.

Symbole Der Kreis mit einem Pfeil, der nach rechts oben zeigt, symbolisiert das Männliche, Tatkraft und Aktivität, was aber auch Unbedachtheit mit sich bringen kann; die rote Farbe zeigt ein hohes Energiepotenzial an; der grünliche

Kristall weist auf die notwendige Balance hin, die alle Aktion braucht. Die Zahl 3 signalisiert die Fähigkeit, etwas schöpferisch anzupacken.

Der Wochentagsname stammt vom germanischen Kriegsgott »Thingsus«, dem Beschützer des Things, einer Art Gerichtstag, der als lateinischer Begriff »Mars Thingsus« in römischen Schriften über Germanien auftaucht. Im französischen ist der Bezug zum Kriegsgott Mars im Wort Mardi deutlich.

Allgemein Jetzt kannst du deiner Kreativität eine konkrete Gestalt geben. Du musst dabei nicht ausgetretenen Formen und Pfaden folgen, sondern kannst dir einen eigenen, neuen Weg bahnen.

Beruf Die Zeichen der Zeit stehen auf Aufbau, auf konstruktivem Miteinander, um ein praktisches Ziel zu erreichen. Wenn du andere nicht überrollst, kannst du zum »Pfadfinder« des Projekts werden.

Beziehung Warte nicht darauf, dass der bzw. die andere einen Schritt auf dich hin macht, sondern ergreife selbst die Initiative. Das wird »ankommen«, solange du dem anderen Respekt zeigst.

Kreativität Es geht nicht darum, ob dir andere applaudieren, sondern, ob du selbst mit Spaß bei der Sache bist und dich für etwas engagierst, was dich ganz persönlich erfüllt.

4. WOCHENTAG

Mittwoch — Merkur

Ziehe Bilanz.
Sei ganz realistisch.

Symbole Der Kreis der Ganzheit, darunter das Kreuz der Erde und darüber die Schale der Empfängnis, das Planetenzeichen des Merkurs. Lemon, ein Gelb-Grün, steht in der Farbtherapie für Lösung, Energiefluss und Anregung des Immunsystems.

Der rötliche Kristall zeigt, dass hier eine feine Lebensenergie vorhanden ist, die Wunder wirken kann. Die Zahl 4 zeigt an, dass nun gesichert werden muss, was bis jetzt aufgebaut wurde. Merkur (römisch »Hermes«) ist der Götterbote, der Mitteilungen aus höheren Sphären bringt, aber auch der Gott des Geldes, des Handels und des Austauschs (sowie des Diebstahls!). In romanischen Sprachen ist Merkur noch zu erkennen: Mercredi.

Allgemein Halte inne, überlege nüchtern, wo Energie fließt und wo sie gestaut ist. Was ist erreicht, was ist noch offen? Welche Mittel hast du, welche lohnen sich einzusetzen? Sei ganz realistisch.

Beruf Mache es dir zur guten Übung, ganz regelmäßig Bilanz zu ziehen, wo du stehst, welche Erfolge oder Rückschläge erzielt wurden, und welche Korrekturen du machen willst bzw. kannst.

Beziehung Es macht weder Sinn, den Himmel auf Erden zu erwarten und dann ganz enttäuscht zu sein, wenn er sich nicht einstellen will, noch wird es auf die Dauer gut gehen zu versuchen, von einer Partnerschaft einseitig zu profitieren. Nehmen und Geben!

Kreativität Wenn du mal einen »Durchhänger« in deiner schöpferischen Kraft spürst, ist das ganz normal. Forciere nichts.

5. WOCHENTAG

Donnerstag — Jupiter

Setze dich ein.
Folge deiner Energie.

Symbole Das Zeichen für den Jupiter besteht aus einem Kreuz und einem Halbkreis. Man steht mit beiden Beinen auf dem Boden und hat doch Herz und Kopf in den Himmel gereckt. Der Halbkreis symbolisiert Offenheit für neue Impulse;

man könnte sie modern mit einer Empfangs- und Senderantenne vergleichen. Das entspricht auch dem Jupiter-Charakter. Die rote Farbe erinnert an Kardinalspurpur, der für spirituelle Autorität steht; das Blau des Kristalls gemahnt an die nötige geistige Liebe, mit der alle höheren Ziele angestrebt werden sollten.

Der deutsche Name kommt vom germanischen Donnergott Donar, der Zeus entspricht. Die 5 steht für die Freiheit des menschlichen Willens.

Allgemein Jetzt ist die Zeit einer Ausrichtung auf höhere Ideale, die deine Seele tragen und entfalten können. Vermeide es jedoch, gefundene Ideale absolut zu setzen und anderen aufzudrängen.

Beruf Es ist in Ordnung, wie es bisher war. Für den neuen Abschnitt bedarf es jedoch neuer und übergeordneter Ziele, bei denen wirklich alle Beteiligten gewinnen können – und werden!

Beziehung Kein anderer Mensch kann dich je hundertprozentig und dauerhaft glücklich machen. Jede Beziehung braucht ein gemeinsames spirituelles Ziel: Gott, Christus, Buddhanatur.

Kreativität Ohne Inspiration gibt es keine echte schöpferische Schaffenskraft. Nicht das Ego, sondern geistige Impulse aus anderen Bewusstseinsebenen vermögen wirklich kreativ zu wirken.

6. WOCHENTAG

Freitag — Venus

Vollende etwas. Lass einfach los.

Symbole Der Kreis der Schöpfung über dem Kreuz des Erdenlebens, das Symbol des »ewig Weiblichen«, das den Menschen nach Goethes Faust »hinan« zieht. Das zarte Blau für die seelische Liebe, der rötlich schimmernde Kristall für eine schöpferische Liebe, die der Seele jedes Wesens erst Leben verleiht. Denn was steht hinter irdischem Leben, hinter Organismus und Atmung, wenn nicht eine geistige Kraft? Je mehr wir uns für diese zeitlose Kraft öffnen und daraus leben, desto mehr wird unser Leben zu einem leichten Tanz, der schließlich nach Hause führt, zu Gott. Freitag ist der Tag der Venus, der Diana oder Freia, der nordischen Göttin der Liebe und Fruchtbarkeit.

Allgemein Um etwas fertig zu stellen und zu vollenden, muss man auch bereit sein, es loszulassen, es freizugeben, es in sein ganz eigenes Reich zu entlassen.

Beruf Bei Verhandlungen kommt es mehr auf Einfühlung und faires Entgegenkommen an, als auf selbstbewusste und kraftvolle Durchsetzung der eigenen Interessen, wenn man Erfolg haben will.

Beziehung Zwischenmenschliche Beziehungen entwickeln eine Eigendynamik, wenn genügend Gemeinsamkeiten vorhanden sind. Gib ihr auf einer neuen Ebene reichlich Raum zur Entfaltung.

Kreativität Richte deinen Geist auf die feineren Ausdrucksformen schöpferischer Kräfte, dorthin, wo sie im Keim erst entstehen. Das ist die Ideen- und Seelenebene, die du in der Meditation erfährst.

7. WOCHENTAG

Samstag — Saturn

Suche Freude. Bleibe beweglich.

Symbole Ein erdiger, orangebrauner, warmer Farbton herrscht vor, der Geborgenheit vermittelt. Die 7 gilt als »Schicksalszahl« und entspricht damit dem ursprünglichen Tagesnamen, der sich von Saturn ableitet (Saturday = Saturn-

Tag im Englischen). Wir finden hier eine Spannung vor zwischen dem Bedürfnis nach Sicherheit einerseits und dem Walten kosmischer Mächte andererseits. Wie sich da einrichten? Der mehrfarbig schimmernde Kristall symbolisiert, dass eine fröhliche Bewegtheit in der Lebenseinstellung die beste Hilfe zu sein scheint, um mit den Wechselfällen des Lebens klarzukommen. Der Sonnabend ist der Tag der Vorbereitung auf den Sonntag: Grund genug zur Freude!

Allgemein Alles hat seine Zeit – die Arbeit und die Muße, die Liebe und die Trauer, das Lachen und das Weinen. Der Planet Saturn gilt als Herrscher der Zeit: Nimm Zeit als eigene Qualität wahr!

Beruf Was nutzen die besten Absichten, wenn die Einstellung zum Leben eng wäre oder nie etwas fertig würde? »Erfolg« ist jetzt, sich an dem zu freuen, was ist, und dabei für Neues offen zu bleiben.

Beziehung Wer 99 Dinge vom Leben bekommen hat, ärgert sich manchmal über das 100., was er bzw. sie (noch) nicht hat, anstatt sich über die 99 zu freuen. Welche Lebenseinstellung pflegst du?

Kreativität Wenn du merkst, dass du dich wie in einer leblosen Routine gefangen fühlst, lass dein Leben Revue passieren und beobachte, wie sich immer wieder Neues ergeben hat.

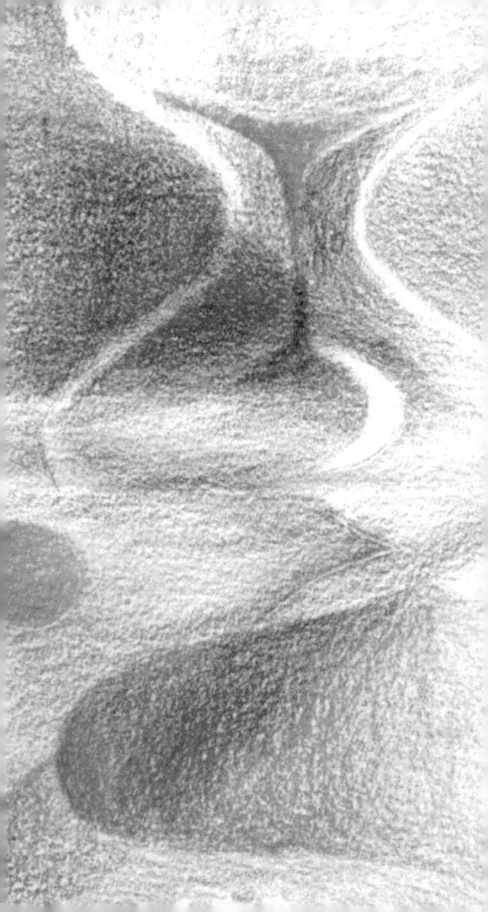

Zwölf Monatskarten

WIDDERMONAT
21. 3. - 20. 4.

Setze Pioniergeist ein.

1 Woche — 1 Monat

Symbol Die Zahl 1; Frühjahrsenergie beginnt; der astrologische Jahreskreis fängt mit dem Widder an, einem Feuerzeichen.

Allgemein Die Zeit vom 21. 3. bis zum 20. 4. ist in bestimmter Hinsicht besonders wichtig für deine Frage. Fällt ein Ereignis oder eine Entscheidung in diesen Zeitraum, was jetzt Wirkung zeigt?

Beruf Eine Woche bzw. ein Monat ist der Zeitrahmen, um den es in deiner Frage geht. Nutze dazu Einsatzkraft ohne Aggression.

Beziehung Eine neue Begegnung (aber nicht unbedingt gleich eine intime Affäre!), die dir eine neue Lebensperspektive verspricht.

Kreativität Wovon hast du immer schon geträumt, es dir aber nicht zugetraut? Leg einfach los, ohne auf die Umgebung zu hören.

STIERMONAT
21. 4. - 20. 5.

Schaffe eine Struktur.

2 Wochen — 2 Monate

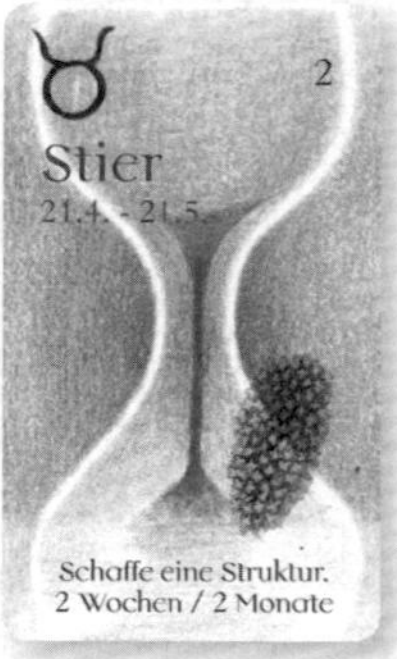

Symbol Die Zahl 2; die Natur nimmt Gestalt an; der astrologische Stier ist ein Erdzeichen, der alles eher gemächlich angeht.

Allgemein Der Stierabschnitt im Jahreslauf vom 21. 4. bis zum 20. 5.

ist für die Frage von Bedeutung, war es oder wird es sein.

Beruf Du kannst jetzt damit rechnen, dass dein beharrlicher Einsatz sichtbare Früchte tragen wird. Der Einsatz lohnt also.

Beziehung Zufriedenheit oder Bequemlichkeit ist schon viel in einer Partnerschaft; wird es dir oder deinem Gegenüber auf die Dauer aber reichen? Halte die Beziehung auch lebendig!

Kreativität Unmittelbarer Kunstgenuss, im Konzert, im Museum oder sogar im Restaurant, ist dir lieber als eigene Anstrengung.

ZWILLINGEMONAT
21. 5. - 21. 6.

Suche den Austausch.

3 Wochen — 3 Monate

Symbol Die Zahl 3; Bienen sammeln Pollen und bestäuben Blüten; farbige und bewegte Zeit voll unerwarteter Begegnungen.

Allgemein Die Zwillingezeit vom 21. 5. bis zum 21. 6. spielt eine Rolle für eine hilfreiche Beantwortung deiner Frage.

Beruf Jetzt ist es besonders wichtig, richtig zu kommunizieren und klar zu unterscheiden zwischen Fakten und Meinungen.

Beziehung Das Gespräch zwischen zwei Menschen schafft etwas Neues, etwas Drittes, nämlich einen geistigen Raum und ein gegenseitiges Verständnis, das mehr als die beiden Personen ist.

Kreativität Suche nach Anregungen aus der Umwelt bzw. durch die Gesellschaft mit anderen kreativen Menschen.

KREBSMONAT
22. 6. – 22. 7.

Achte deine Gefühle.
4 Wochen — 4 Monate

Symbol Die Zahl 4; Früchte reifen heran wie in einer Art von Schwangerschaft; man spürt tief reichende Gemütsbewegungen.

Allgemein Die Zeit des Zeichens Krebs vom 22. 6. bis zum 22. 7.

hat auf bestimmte Weise mit der Antwort auf deine Frage zu tun.

Beruf Du musst damit rechnen, dass in der Arbeit jetzt mehr Gefühle als Fakten zählen, und kannst dich darauf einstellen.

Beziehung Höre auf deine innere Stimme, nimm deine Gefühle bewusst wahr und achte sie – auch wenn sie vielleicht gerade Achterbahn fahren oder dir gerade nicht so viel Spaß machen.

Kreativität Alles, was du jetzt »aus dem Bauch« heraus schöpferisch gestaltest, wird zumindest dich selbst erfreuen.

LÖWEMONAT

23. 7. – 23. 8.

Befreie die Herzkraft.

5 Wochen — 5 Monate

Symbol Die Zahl 5; die Zeit des Hochsommers, der gelben Ährenfelder und einer sonnendurchstrahlten Hochstimmung.

Allgemein In der Löwephase im Jahreslauf vom 23. 7. bis zum 23. 8.

ist ein wichtiger Teil der Antwort auf deine Frage zu finden.

Beruf Du kannst jetzt deine Begeisterungsfähigkeit, Erfahrung und Kraft voll einsetzen und Projekte damit rasch und erfolgreich voranbringen; achte nur darauf, andere nicht zu überrollen.

Beziehung Du neigst jetzt mehr denn je zu Großzügigkeit und kannst damit das Herz des anderen Menschen wärmen und öffnen.

Kreativität Lass deinen Geist ruhig in die höchsten Höhen fliegen, und lass dich inspirieren; nutze diese günstige Zeitspanne.

JUNGFRAUMONAT
24. 8. - 22. 9.

Sammle die Ernte.

6 Wochen — 6 Monate

Symbol Die Zahl 6; die Zeit der Ernte, des Einsammelns und Bewertens dessen, wofür man bis jetzt gearbeitet hat.

Allgemein Ein Erleben in der Zeit zwischen dem 24. 8. und dem 22. 9.

gibt Aufschluss über die Antwort auf deine Frage.

Beruf Du bist jetzt in der Lage, gut zu beurteilen, welcher Einsatz welchen Erfolg gebracht hat, und kannst daraus die nötigen Schlüsse ziehen, was in Zukunft besser gemacht werden könnte.

Beziehung Genieße die Ernte, die ihr leicht einbringen könnt; ihr beide solltet aber vermeiden, zu analysieren und zu diskutieren, warum ihr keine »größere« Ernte habt, das führt zu nichts.

Kreativität Zeit für Dinge, bei denen es auf Genauigkeit ankommt.

WAAGEMONAT
23. 9. – 23. 10.

Genieße deine Zeit.

7 Wochen — 7 Monate

Symbol Die Zahl 7; die Zeit des geselligen Feierns, der Muße – im Idealfall der »goldene Oktober«, der Anlass zur Genugtuung ist.

Allgemein Der Waageabschnitt vom 23. 9. bis zum 23. 10. enthält einen Schlüssel zur Antwort auf die von dir jetzt gestellte Frage.

Beruf Entscheidungen fallen nicht so leicht, weil es so viele gute Chancen zu geben scheint; lass deine Mitarbeiter entscheiden.

Beziehung Eine Zeit der Lebensfreude in Zweisamkeit, wenn die Herzen übereinstimmen und man sich »gut riechen« kann; wenn nicht, fühlt man sich unwohl wie in einer Zwangspartnerschaft.

Kreativität Wie du früher die Weichen gestellt hast, so werden sich jetzt die Möglichkeiten zum schöpferischen Ausdruck zeigen.

SKORPIONMONAT
24. 10. - 22. 11.

Heile die Wunden.

8 Wochen — 8 Monate

Symbol Die Zahl 8; eine Zeit des Herbstes, des Abschieds von bisherigen Ausdrucksformen, Bindungen, Werten und Zielen.

Allgemein Die Zeit zwischen dem 24. 10. und dem 22. 11. bringt einen entscheidenden Hinweis auf deine heutige Frage.

Beruf Was muss du jetzt beenden oder zumindest loslassen? Jedem Abschied folgt irgendwo und irgendwie ein Neuanfang.

Beziehung Intensive Auseinandersetzung zeigt, dass zwischen euch Energien fließen – bleib vertrauensvoll im Prozess drin.

Kreativität Du spürst, dass du in einer tief greifenden Veränderung begriffen bist, die deine Lebenseinstellung und deine Ziele stark verändern wird. Halte durch, auch wenn du dabei unsicher bist.

SCHÜTZEMONAT
23. 11. – 21. 12.

Finde neuen Sinn.

9 Wochen — 9 Monate

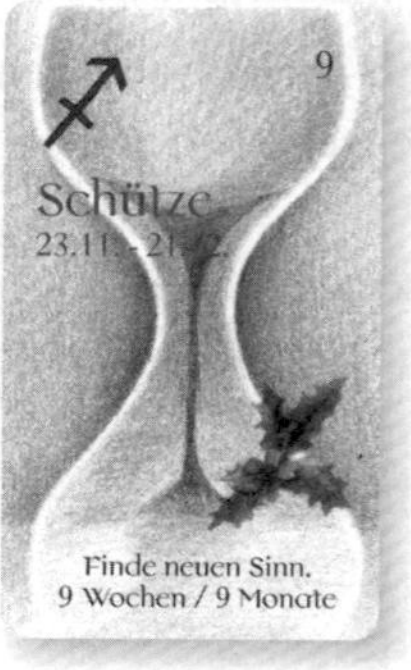

Symbol Die Zahl 9; Besinnung auf das Bleibende, auf das spirituell Wesentliche, das es nur auf der rein geistigen Ebene gibt.

Allgemein Die Schützephase vom 23. 11. bis zum 21. 12. ist für die

Antwort auf deine Frage von besonderer Bedeutung.

Beruf Erfolg und Erfüllung gehören zusammen. Was möchtest du im Rückblick auf dein Leben am liebsten »geleistet« haben?

Beziehung Ihr seid beide im selben Boot, auf der Reise über das oft stürmische Meer des Lebens mit meist unvorhersehbaren Winden und auf unbekannten Wegen auf ein neues Ufer zu. Seid deshalb untereinander so verständnisvoll als nur möglich.

Kreativität Geistigen, höheren Sinn findet man nur in der Stille!

STEINBOCKMONAT
22. 12. - 19. 1.

Realisiere den Erfolg.

10 Wochen — 10 Monate

Symbol Die Zahl 10; Zeit der Wintersonnenwende, wenn nach dem dunkelsten Tag ein neues Licht erahnt werden kann.

Allgemein Im Steinbockabschnitt, also in der Zeit vom 22. 12. bis zum

19. 1., wirst du das entdecken, was deine Frage beantwortet.

Beruf Beharrlichkeit, auch wenn das Ziel und die Resultate nicht sofort sichtbar sind, zeichnen dich jetzt ganz besonders aus.

Beziehung Partnerschaft gibt automatisch Struktur, durch Gewohnheit und Bequemlichkeit. Struktur kann Sicherheit geben oder einengen. Wenn die Struktur flexibel bleibt, hält sie lange.

Kreativität Du kannst jetzt deine schöpferischen Kräfte erfolgreich verwirklichen und etwas gestalten, was dir lange Zeit etwas gibt.

WASSERMANNMONAT
20. 1. - 18. 2.

Gib neue Impulse.
11 Wochen — 11 Monate

Symbol Die Zahl 11; unter der winterlichen Schneedecke, noch unsichtbar, entwickelt sich ein völlig neues Leben.

Allgemein In der Zeitspanne des Zeichens Wassermann, vom 20. 1.

bis zum 18. 2., ist die Antwort auf deine Frage zu finden.

Beruf Jetzt ist eine gute Zeit, um ungewöhnliche Arbeitsweisen, neue Ziele oder soziale Absichten in die Tat umzusetzen.

Beziehung Der Valentinstag fällt in diese Zeit. Unternehmt etwas ganz Originelles, überrasche deine/n Partner/in mit etwas, was du/ihr noch nie gemacht habt – aber bleibt dabei unter euch.

Kreativität Wenn du länger schon eine ganz wilde Idee hegst und bisher keinen Mut gehabt hast, ist jetzt die Zeit, es doch zu wagen!

FISCHEMONAT
19. 2. - 20. 3.

Finde deine Mitte.

12 Wochen — 12 Monate

Symbol Die Zahl 12; die Empfängnis des neuen Lebens findet statt, der Keim für einen neuen Zyklus wird in die Erde gelegt.

Allgemein In der Fischephase, zwischen dem 19. 2. und dem 20. 3., ist ein Ereignis oder Erleben zu suchen, das die Frage beantwortet.

Beruf Was macht deinen Beitrag in der Arbeit aus? Nicht nur, was du machst, sondern genauso wichtig ist, wie du etwas machst.

Beziehung Es hat wenig Sinn, sich selbst zu verlieren, um den anderen Menschen vermeintlich glücklich zu machen. Nur, wenn du in deiner Mitte bleibst, kann die Partnerschaft stabil sein.

Kreativität Mit welcher Energie möchtest du in den nächsten Zyklus hineingehen? Meditiere, finde einen geistigen Lehrer.

JOKER 1

Anfang und Ende
Du bist frei in der Wahl des Zeitpunkts.

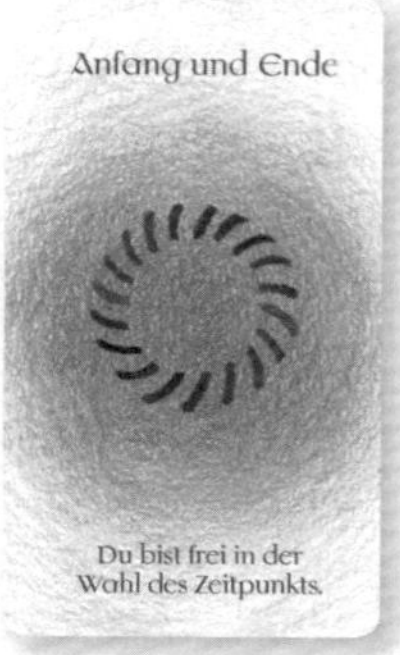

Symbole Ein offenes Sonnenrad lässt Energien hinein- und hinausströmen; ein kosmisches Geschehen um eine Mitte.

Allgemein Du machst nichts falsch, egal, was du jetzt tust.

Beruf Du kannst auf weitere Signale warten, du versäumst nichts.

Beziehungen Lass dich noch tiefer in das Spiel Eurer Kräfte ein, ohne selbst festlegen zu wollen, was das Ergebnis sein wird.

Kreativität Fang an oder mach weiter – Endgültiges gibt´s nicht.

JOKER 2

Zeiten des Lebens

Du spiegelst die Welt —
die Welt spiegelt dich.

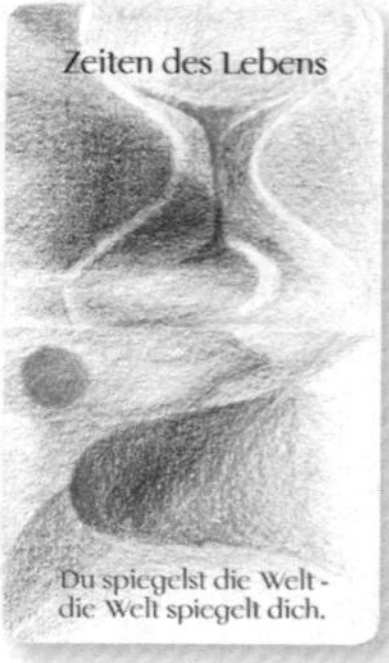

Symbole Eine kosmische Sanduhr läuft aus fernen Himmeln hinein in die irdische Ebenen von Mond, Sonne, Flüssen und Dünen.

Allgemein Es gibt eine höhere Kraft, die dein Leben lenkt.

Beruf Spüre, was der kosmische Plan für deinen Beruf von dir will.

Beziehungen Was ist zum allerhöchsten Nutzen für Euch beide?

Kreativität Du brauchst nichts selbst zu machen, sondern dich nur für die Inspiration von oben oder innen zu öffnen.

So benutzt Du die Zeitkarten
Vorschläge zu verschiedenen Frage- und Auslegearten

Es gibt viele Fragemöglichkeiten. Einige werden hier beispielhaft angeführt. Die Erfahrung mit Orakeln zeigt, dass es im Allgemeinen besser ist, danach zu fragen, wann du selbst etwas tun oder lassen solltest, also die Frage auf dich als Person abzustellen. Fragen danach, wann etwas »von außen« passiert, sind natürlich legitim, aber die Antworten sind nicht immer eindeutig. Zu oft benutzt, führen solche Fragen auch eher in eine fatalistische Haltung. Günstiger ist es, vom eigenen Bewusstseinsstand auszugehen und von der eigenen Energie, und die Zeitkarten als Spiegel dafür zu gebrauchen. Ein altes Theaterwort lautet jedoch: »Erlaubt ist, was gefällt.« In diesem Sinne kannst du die Zeitkarten immer so einsetzen, wie du es für dich am besten hältst.

Fragebeispiele

Wann ist zu rechnen mit …?

- der Beförderung, der Versetzung, dem Umzug …
- Chancen für eine neue Begegnung …

Wann soll ich anfangen …?

- nach einer neuen Wohnung Ausschau zu halten …
- nach einer neuen Arbeit zu suchen, mich zu bewerben …

Wie lange dauert es noch bis …?

- ich meine spirituelle Orientierung finde …
- ich aus dieser Situation herausfinde …

Wie lange soll ich noch warten auf …?

- eine Antwort/Entscheidung des Partners/der Partnerin …
- eine bessere Gelegenheit für …

Wie lange muss ich mich einsetzen für …?

- beruflichen Erfolg / Festigung der Beziehung … ?
- Erfolge auf dem spirituellen Weg / kreative Anerkennung …

Auf welche Zeit kann ich die Dauer von … verkürzen/verlängern?

- Entwicklungsprozessen / Veränderungen … / Urlaub /

Wie lange noch soll ich … machen / nicht machen ?

- Einsatz für gemeinnützigen Zweck / kreative Aufgabe …
- Meditationskurs / Persönlichkeitsseminar …

Wann ist die günstigste / ungünstigste Zeit für …?

- für eine allgemeine Veränderung bzw. Neuorientierung …
- für das Erlernen einer neuen Fähigkeit, Hobby, Sport …

Zu welchem Zeitpunkt sollte ich am besten … planen?

- Auslandsreise / Wohnungsrenovierung / Gartenanlage …
- Geschäftstermin / Aussprache in der Familie

Auslegearten

1 Karte

Stimme dich auf deine Frage ein. Oft ist es sinnvoll, die Frage wirklich aufzuschreiben, um sich über die Formulierung noch klarer zu werden. Dann mische die Karten und ziehe eine Zeitkarte – gleich, ob mit links oder rechts – aus dem halbkreisförmigen Kartenfächer, der mit der Rückseite nach oben vor dir auf dem Tisch liegt.

2 Karten

Wenn es mit einem Partner bzw. einer Partnerin etwas abzustimmen gibt, so könnt ihr beide jeweils eine Karte ziehen, sie nebeneinander auslegen und gemeinsam deuten.

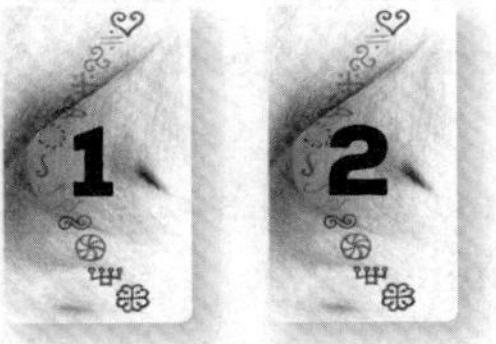

3 Karten

Überlege und formuliere deine Frage. Ziehe dann drei Karten, die für

1. **Gegenwart,**
2. **Vergangenheit und**
3. **Zukunft stehen.**

Die **erste Karte** gibt den Zeitpunkt oder Zeitraum an, der in der Vergangenheit für die Frage von Bedeutung war.
Die **zweite Karte** bezeichnet die Zeit, die jetzt wichtig ist.
Die **dritte Karte** weist darauf hin, welche Zeitspanne in Zukunft für die Frage eine Rolle spielt.

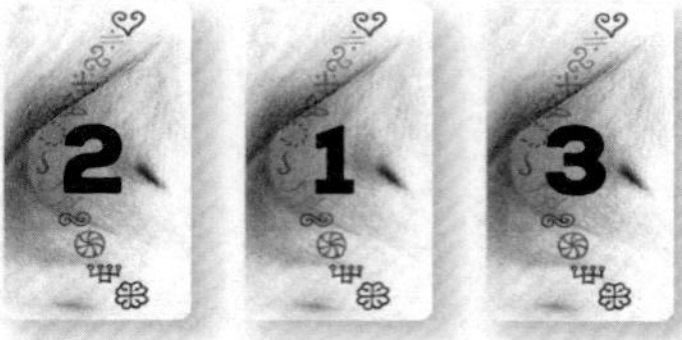

5 Karten

Die 1. Karte steht für die Kernzeit, die für die Frage wichtig ist.

Die 2. Karte gibt die Zeit der Yin- oder weiblichen Energie an.

Die 3. Karte gibt die Zeit der Yang- oder männlichen Energie an.

Die 4. Karte steht für die Dauer der karmischen Aufgabe dahinter.

Die 5. Karte weist darauf hin, wann die ganze Angelegenheit zum Abschluss kommt.

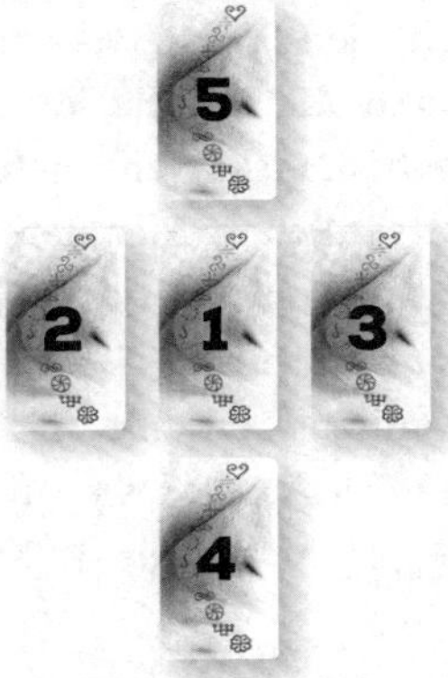

Natürlich kannst du auch eigene Auslegearten entwerfen oder Vorschläge aus anderen Kartensets übernehmen.

Zeitkarten als astrologischer Spiegel

Du kannst die Zeitkarten auch als astrologisches Orakel gebrauchen. Dabei stehen die **12 Tierkreiszeichen für sich**, die **12 Stundenkarten symbolisieren die 12 Häuser** und die **7 Wochentagskarten stehen für die persönlichen Planeten Sonne, Mond, Mars, Merkur, Jupiter, Venus und Saturn.**

Du mischst, wählst 12 Karten aus und legst sie wie in einem Horoskopkreis aus, die 1. Karte bei

9 Uhr, die 2. bei 8 Uhr und so weiter gegen den Uhrzeigersinn, bis die 12. Karte bei 10 Uhr liegt.

Die Karten geben nun Hinweise darauf, zu welcher Zeit bzw. in welcher Zeitspanne der nächste Schritt, die nächste Veränderung, die nächste Entwicklungsstufe im jeweiligen Bereich ansteht.

1. Bereich	Persönlicher Umweltbezug oder Selbstausdruck
2. Bereich	Finanzen oder allgemeine Wertorientierung
3. Bereich	Kommunikation und kleinere Reisen
4. Bereich	Familie oder geistige Wurzeln
5. Bereich	Kreativität und Kinder
6. Bereich	Alltagsarbeit und Umgang mit Kollegen
7. Bereich	Partnerschaft und persönliche Beziehungen

8. Bereich	Ich-Krise und Beziehungsveränderung
9. Bereich	geistige Neuorientierung oder Fernreisen
10. Bereich	Beruflicher Erfolg oder öffentliche Anerkennung
11. Bereich	Freunde und Hobbys oder ehrenamtlicher Einsatz
12. Bereich	Selbstfindung bzw. Meditation und Spiritualität

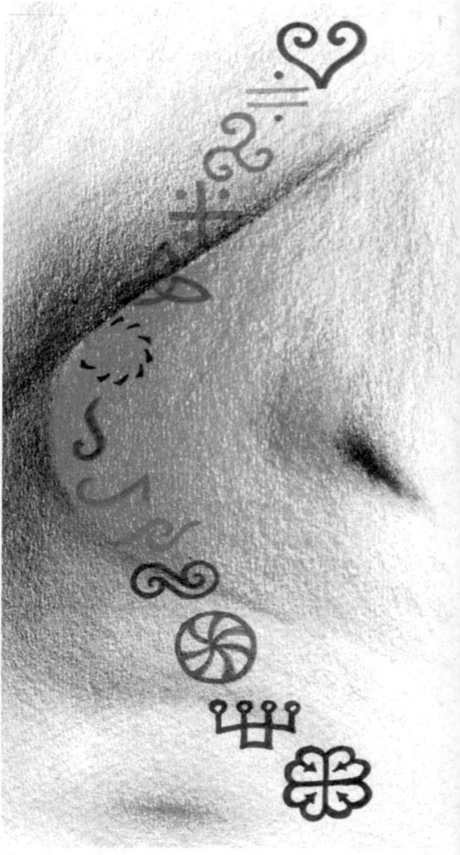

2

Montag

Tausche dich aus.
Lass dich beraten.

3

Es wird bald klappen.
3 Tage / 3 Wochen

1

Es geht fast zu schnell.
1 Tag / 1 Woche

Zeiten des Lebens
Du spiegelst die Welt -
die Welt spiegelt dich.

12

Jetzt wird es rund.
12 Tage / 12 Wochen

♄ 7

Samstag

Suche Freude.
Bleibe beweglich.

6
Jungfrau
24.8. - 22.9
Sammle die Ernte.
6 Wochen / 6 Monate

2
Stier
21.4. - 21.5.
Schaffe eine Struktur.
2 Wochen / 2 Monate

4

Du kannst aufbauen.
4 Tage / 4 Wochen

♓ 12

Fische

19.2. - 20.3.

Finde deine Mitte.

12 Wochen / 12 Monate

3

Dienstag

Werde kreativ.
Setze ein Zeichen.

Etwas geht zu Ende.
9 Tage / 9 Wochen

1
Widder
21.3. - 20.4.
Setze Pioniergeist ein.
1 Woche / 1 Monat

2

Jetzt geht es gut voran.
2 Tage / 2 Wochen

♏
8
Skorpion
24.10. - 22.11.
Heile die Wunden.
8 Wochen / 8 Monate

6

Vollende etwas.
Lass einfach los.

10

Du beginnst ganz neu.
10 Tage / 10 Wochen

5

Du entscheidest selber.
5 Tage / 5 Wochen

7

Die Umstände bestimmen.
7 Tage / 7 Wochen

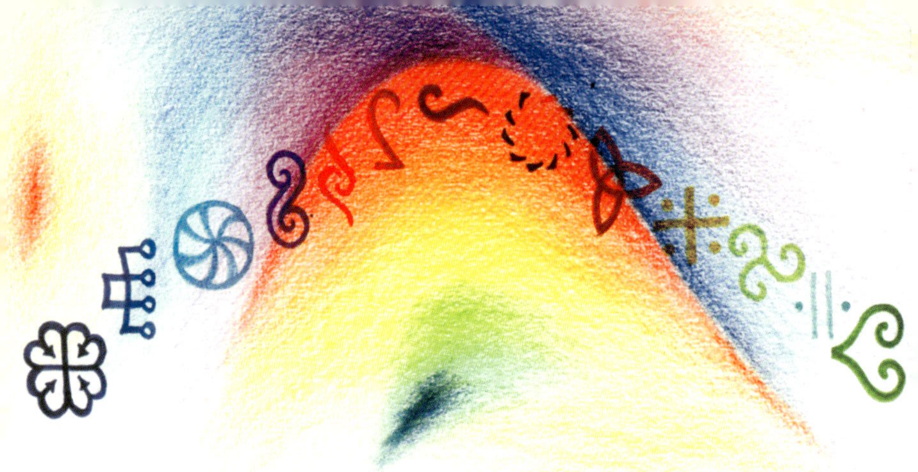

11
Wassermann
20.1. - 18.2.
Gib neue Impulse.
11 Wochen / 11 Monate

5

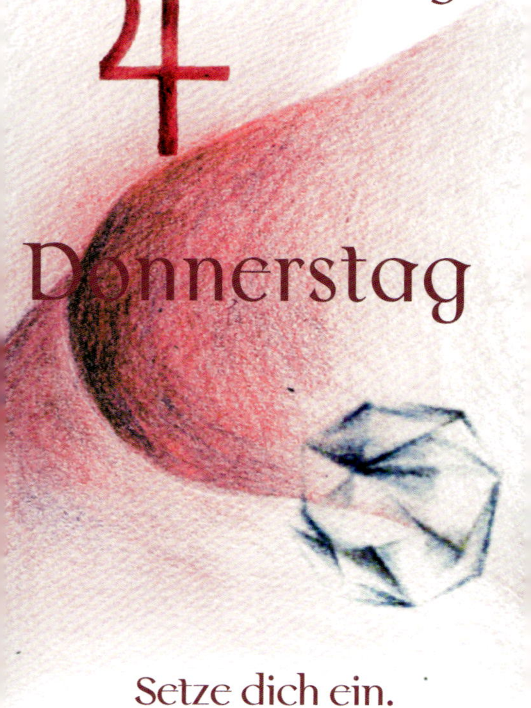

♃ Donnerstag

Setze dich ein.
Folge deiner Energie.

5
Löwe
23.7. - 23.8.
Befreie die Herzkraft.
5 Wochen / 5 Monate

Realisiere den Erfolg.
10 Wochen / 10 Monate

7
Waage
23.9. - 23.10.
Genieße deine Zeit.
7 Wochen / 7 Monate

11

Höre auf Freunde.
11 Tage / Wochen

4

Mittwoch

Ziehe Bilanz.
Sei ganz realistisch.

1

Sonntag

Geh nach innen.
Entwickle eine Vision.

3
Zwillinge
21.5 - 21.6
Suche den Austausch.
3 Wochen / 3 Monate

4

Krebs

22.6. - 22.7.

Achte deine Gefühle.
4 Wochen /4 Monate

8

Es ist alles im Fluss.
8 Tage / 8 Wochen

9
Schütze
23.11. - 21.12.
Finde neuen Sinn.
9 Wochen / 9 Monate

6

Genieße die Zeit.
6 Tage / 6 Wochen

Anfang und Ende

Du bist frei in der
Wahl des Zeitpunkts.